AF221255

Zoltan Schick

ich hörte das Bellen / lang und leer und schön

kurze Geschichte Amerikas /
2010 – 2020

Bibliografische Information der Deutschen Nationalbibliothek:
Die Deutsche Nationalbibliothek verzeichnet diese Publikation in
der Deutschen Nationalbibliografie; detaillierte bibliografische
Daten sind im Internet über http://dnb.dnb.de abrufbar.

Herstellung und Verlag: BoD – Books on Demand, Norderstedt

ISBN: 978-3-7534-4007-1

kurze Geschichte Amerikas

2010 /
es war ein winziges Leck /
wir waren unter Wasser

1/27/
„Avatar" wird umsatzstärkster Film aller Zeiten

2/19/
Golfspieler Tiger Woods hält Entschuldigungsrede

3/31/
Population der Monarchfalter um bis zu 60% reduziert

4/22/
US-Finanzministerium stellt neue 100-Dollar-Note vor

5/14/
Space Shuttle Atlantis startet zum letzten Mal

6/16/
Apple von Vorbestellungen des iPhone 4 überschwemmt

Anfänge

Archie und Rose
es war nicht meine erste Familie
viele Jahre nach dem Tod ihres Mannes
als Jarrat Lettie heiratete

es war ein winziges Leck
letztes Wochenende
Loomis hatte nie geglaubt

nun, es gibt das
vor zwei Tagen
dort stand er
der Vater und der Sohn von Parkers

Griechenland
als ich nach Hause komme
der Junge, der einschläft
kein besonderer Grund

es geschah
seine Großtante war geboren worden
der unendliche Regen
ich bin erstaunt

Dr Samuel Rosen glaubte an den Kreis

7/8/
US-Arbeitslosenmeldungen niedriger als
prognostiziert

8/20/
Wissenschaftler kommen zu dem Schluss, dass sich
das Universum unendlich ausdehnen kann

9/20/
Deepwater Horizon-Ölbohrung laut Behörden
endgültig geschlossen

10/10/
Tropensturm Otto zieht in den Zentralatlantik

11/7/
Hurrikan Tomas trifft Haiti, das von einem Erdbeben
heimgesucht wurde

12/16/
Mark Zuckerberg von „Time" zur Person des Jahres
ernannt

Enden

Gold Dust hatte es wieder geschafft
von unserer Rettung
von Jahren der Töpferei
wir machten weiter

wenn ich dich verliere
durch seine Verkleidung
was würde als nächstes kommen
sie würden weiterreisen

wir waren unter Wasser
verwehter Regen wischte es sauber
in der Türschwelle
das Klirren von Holzglocken

im Fitnessstudio aufhören
es wird Überlebende geben
er hat es noch nie besucht

Schmerz
er wartete
unsere verschlungenen Atemzüge
ich wurde erwachsen, und alt
sie ging weiter

2011 /
die Straße zur Küste /
nach Hause in ihre Betten

1/17/
Apple Inc. CEO Steve Jobs im Krankenstand

2/2/
Massiver Schneesturm verwüstet weite Teile der USA

3/21/
Verkäufe bestehender US-Häuser fallen im Februar um 9,6%

4/1/
Mann aus Ohio stirbt
nach zweijährigem Sitzen auf Stuhl

5/2/
Osama bin Laden bei amerikanischer Operation in Pakistan getötet, sagt Weißes Haus

6/4/
Mars-Rover Opportunity überschreitet Dreißig-Kilometer Meilenstein

Anfänge

Wir nennen uns
12/2/2040
als ich James kennenlernte

mir wurde gesagt
Tibor Kalman
an Bord der Caledonia Star
es war unmöglich zu gehen
während er hinunterhechtet

meine Güte
die Straße zur Küste
Henry versuchte herauszusuchen
sie kamen nach Madagaskar

er würde jetzt jede Minute anfangen müssen
der Büffel kam bei Tagesanbruch auf die Insel
es regnete
wir trafen Herrn Mani
sie lebten

Grace sagten sie
das war jetzt sein Leben
Threadgill war einer von ihnen gewesen

7/6/

US-Senat verschiebt Abstimmung über Libyen-Konflikt, um sich auf die Staatsverschuldung zu konzentrieren

8/8/

Boeing stellt den ersten 787 Dreamliner in den Dienst

9/2/

Dokumente zu Gefangenentransporten nach 9/11 veröffentlicht

10/17/

Boston Globe für Outing eines FBI-Informanten kritisiert

11/28/

US-Studie untersucht Selbstmordtrends bei depressiven Jugendlichen

12/21/

Letzte US-Truppen verlassen den Irak

Enden

des ewigen Staunens
viel Glück
der Wind ist schlimm

jemand namens Stanley
um endlich wiederhergestellt zu werden
Maud sagt nichts

alles zu betrauern
im Unkraut aufgetürmt
sie ritt durch Streifen
in die Luft gejagt

er würde Hobart selbst zurückbringen
sie wussten es nicht
stimmt's

il fantasma
halte durch
nach Hause in ihre Betten.
entweder tot oder nicht er selbst

den Zeitungen ihre Geschichte erzählt
noch nicht
sie haben ihre Lektionen gelernt

2012 /
nach unserem triumphalen Winter /
der Dämmerung in seiner Schale

1/29/
Twitter erlaubt Zensur von Posts für jedes Land
einzeln

2/20/
US-Callcenter-Unternehmen will 600 Arbeitsplätze
in Wales schaffen

3/28/
US-Lotterie-Jackpot übersteigt 500 Millionen Dollar
und stellt weltweiten Rekord auf

4/25/
Entsorgung von Fracking-Abwässern birgt
potenzielle Umweltprobleme

5/31/
Mitt Romney sichert sich die Nominierung der
Republikaner

6/28/
Oberster Gerichtshof bestätigt
Gesundheitsvorsorge-Mandat

Anfänge

am Morgen
als Molly und ich verheiratet waren
ich erzählte Peyton

Andy Catlett war ein Kind
die berühmten ähneln den berüchtigten
er war gewarnt worden
meine Mutter

nach unserem triumphalen Winter
übrigens
ich brauche dreißig Jahre
ich will erzählen

ich bin eine einundvierzigjährige Frau
die Phantome unseres Dorfes
hier ist die Geschichte

seltsam
es begann mit den Hühnern
sie mochte Kunst

Tom wird geboren
er erfuhr von Sergejs Verhaftung
es ist keine gute Sache

7/9/

Erneute Dürre in weiten Teilen der Vereinigten Staaten

8/27/

Tropensturm Isaac sorgt für Unruhe in den US-Golfstaaten

9/8/

Laut Dokumenten von Human Rights Watch haben USA mit Libyen bei Folter kooperiert

10/29/

Die Vereinigten bereiten sich auf Hurrikan Sandy vor

11/7/

Wiederwahl von Barack Obama

12/8/

Hillary Clinton verurteilt die Gewalt in Nordirland

Enden

sie haben alle den Ball unterschrieben
meine Arme weit ausgestreckt
in all dieser Zeit
um es loszulassen

es ist ein Witz, stimmt's
vom Vortag übrig
es ist vollkommen sauber
was sie sagen wollte

der Vorstoß eines Verfolgers
ich bin nicht aus Lehm
Obdachlosigkeit

jemand, der ihr jetzt fremd ist
genau wie ihr
jemand würde uns helfen
mach es schnell

der Dämmerung in seiner Schale
sie wusste nicht, was
einen weiteren Tag zu leben
es warst du
ja, tu es.

2013 /
Babys waren nicht ängstlich /
der Himmel war voll von ihnen

1/24/

Pentagon kündigt an, das Verbot von Frauen in Kampfeinsätzen aufzuheben

2/9/

US-Abschiebungspolitik in Santa Clara County angefochten

3/31/

Wirtschaftswachstum in den Vereinigten Staaten im letzten Quartal 2012 auf 0,4% erhöht

4/15/

Mehrere Explosionen beim Boston-Marathon

5/3/

Präsident Obama erneuert seinen Vorstoß zur Schließung des Gefangenenlagers Guantanamo

6/21/

Wissenschaftler erschaffen Mikrobatterie im 3D-Druck

Anfänge

vor langer Zeit
Armando
Frans Daddy weckte sie auf

sie sagt sich
wir hatten keine Mütter mehr
es war die Form einer Pfeilspitze

mein Mann und ich
Babys waren nicht ängstlich
wenn er sich gut fühlte

er kam um die Mittagszeit
eines Frühlings
Kishens Freunde von der Universität
als mein Vater im Gefängnis war

ein Fluss verliert an Kraft
es waren Navel-Orangen
der Ärger mit den Katzen

wir schreiben das Jahr 1940
als der Lagerleiter Gott vorstellt
während wir warteten
sobald er im Wasser war

7/6/
Boeing 777 stürzt bei der Landung auf dem
Flughafen von San Francisco ab

8/7/
US-Schwimmer bricht bei Deaflympics zweiten
Weltrekord

9/3/
Fluggesellschaften planen Umleitungen um Syrien,
da US-Militärintervention wahrscheinlicher

10/17/
Wiedereröffnung der US-Regierung nach
parteiübergreifendem Schuldenabkommen

11/6/
Illinois will gleichgeschlechtliche Ehe zulassen

12/20/
Gesundheitsbehörden informieren über steigende
Grippewerte in Texas

Enden

die milden sonnigen Tage vor uns
nicht daran denken zu bleiben
auch

sich an sie zu erinnern
die sind für dich
das frustriert ihn
bitte

der Himmel war voll von ihnen
endlich nahe
der finster werdende Sommerhimmel
schon sicher zu wissen

dann seine eigene
es zu glauben
nicht wissenschaftlich

vom Davonstehlen
als es Kokosnüsse regnete
sie verschwindet

drücke
sie ist meine Geschichte
auf seinen beiden Seiten

2014 /
wir üben nur /
das kurze Ende der Schlange

1/10/
Lawine in Vail, Colorado, tötet einen Menschen

2/25/
Forscher identifizieren Protein, das für die
Übertragung von Malaria verantwortlich ist

3/13/
Guantanamo-Häftling reicht wegen
Zwangsernährung Klage gegen US-Präsidenten ein

4/4/
Tod eines in Gefangenschaft lebenden Nashorns
stoppt Vermehrungsbemühungen in den USA

5/8/
EBay entfernt das Angebot einer kanadischen Stadt
für einen Pottwal-Kadaver

6/5/
„Hunger Games"-Gruß als Protest gegen
Staatsstreich in Thailand

Anfänge

Daniel steht im Trichter
er hat nicht gesprochen
Madelaine und ich

Asche fiel vom Wind
du fährst nach Westen
es gibt ein Bild von mir
wir üben nur

als sie sich versammeln
die Eltern meiner Mutter
mein Bruder war der erste Mann

aufzuwachsen
wir stießen auf ihr kaputtes Auto
wir waren Teil einer großen Gruppe
er war der zweite

nachdem ihr Vater starb
wir versammeln uns
sie und ich

wir mussten an der Brücke parken
mein Verlobter
meine Schwester war die Fotografin

7/28/
Wissenschaftler analysieren die Auswirkungen des atmosphärischen Ozons auf Nutzpflanzen

8/23/
SpaceX-Testrakete stürzt in Texas ab

9/14/
Senatorinnen fordern von National Football League eine Null-Toleranz-Politik gegenüber häuslicher Gewalt

10/4/
US-Wissenschaftler finden Beweise für Gruppenselektion von Spinnenkolonien

11/20/
Nationale Fluggesellschaft (FAA) setzt Projekt NextGen für mehr Effizienz im amerikanischen Luftraum um

12/8/
Orion-Raumschiff absolviert ersten Raumflugtest

Enden

Daniel hat absolut keine Ahnung
vielleicht beide
wir hatten es gesehen

und bewegte ihre Hüften
sauber bis zum Pazifik
über ihr Gesicht
und schneidet

seinen Bogen auf die Saiten
um zu weiden
mich zu Staub machen

Flüstern des tröstlichen Zweifels
der Name deiner Tochter
aufwärts in den Himmel fallend

in die zeitlose Gegenwart
kannst du sehen
wenn auch nur für eine Weile

irgendeinen Fingerzeig
das kurze Ende der Schlange
was es war
wenn er hätte

2015 /
zieh Deine Schuhe aus /
die Erde hinter sich zu lassen

1/7/

FBI untersucht Explosion nahe des Büros der Nationalen Vereinigung für die Förderung der Farbigen (NAACP)

2/14/

Studie der Universität von Utah zeigt Zusammenhang zwischen Selbstmord und Luftverschmutzung

3/4/

Edward Snowden in Gesprächen zur Rückkehr in die Vereinigten Staaten

4/19/

ISIS greift das US-Konsulat in Irbil, Irak, an

5/27/

Sintflutartige Regenfälle fordern Todesopfer und verursachen Verwüstungen in weiten Teilen von Texas

6/29/

US Supreme Court erklärt gleichgeschlechtliche Ehen für legal

Anfänge

Oliver Campbell
ich weiß
es war eine große Bürde

Timoteo ist wirklich nichts Besonderes
ich bin mir nicht sicher
in ihrer letzten Woche
als der Arzt ging

zieh deine Schuhe aus
Gwen war diejenige
dies war die Nacht
an der Ecke

ich hatte einen Job
in der Annahme
manche sagen
es begann ganz unschuldig

das kommt oft vor
für eine lange Zeit
damals
das betreffende Ereignis

7/17/
Die NASA-Raumsonde New Horizons absolviert
ersten nahen planetarischen Vorbeiflug an Pluto

8/10/
US-Wirtschaft mit 215/000 neuen Arbeitsplätzen im
Juli; Arbeitslosenquote bleibt konstant bei 5,3%

9/6/
Fiat Chrysler ruft 7/810 SUVs wegen Software-
Schwachstelle zurück

10/4/
Mehrere Tote bei Schießerei an College in Oregon

11/4/
Abgasskandal bei Volkswagen betrifft
möglicherweise Tausende weitere Autos

12/12/
Britische "Ban Trump"-Petition überschreitet die
Marke von einer halben Million Unterschriften

Enden

und fuhr weg
alle sind eingeladen
ebenfalls
geradeaus in die Ferne

das Sommerlager begann
die das Gute vom Schlechten trennt
die Fallen der Menschen
in Richtung Wasser

was los war
ich weiß vom Glück
wir hätten es selbst auch getan
auf Wiedersehen

wir wohnten näher aneinander
bevor du geboren wurdest
sie in ihren Gefühlen wecken
wie könnten wir nicht

sie lädt das nächste Band
die Erde hinter sich zu lassen
dich essen zu sehen

2016 /
ich zog an meiner Krempe /
auf dem Hügel ein weiterer Schuss

1/25/

Beben in der Nähe von Anchorage, Alaska; keine
Verletzten gemeldet

2/5/

Vereinigte Staaten versprechen 10 Milliarden Dollar
für Syrien-Hilfe

3/14/

Aserbaidschanischer Finanzminister arbeitete für
russische, türkische und US-amerikanische
Geheimdienste

4/22/

Musiker Prince stirbt im Alter von 57 Jahren

5/9/

NASA veröffentlicht erste topographische Karte des
Merkur

6/9/

Internationale Chemie-Union (IUPAC) schlägt
Namen für vier neue Elemente vor

Anfänge

ich bin acht Wochen im Mutterleib
seit dem Zusammenbruch
nah dem Ende

ich zog an meiner Krempe
gerade als er schwang
als ich sechzehn war
gegen halb acht

einmal traf ich einen Mann
es war
bevor
meine Vermieterin steht in der Tür

hier
in der Turnhalle
ein toter Mann

es war gewesen
dies geschah hier
in den wenigen Monaten

die Damen versammelten sich
man konnte es sehen
wir hatten zehn Kissen

7/29/
Verizon will Yahoo! übernehmen

8/3/
Vereinigte Staaten starten Luftangriffe gegen den
Islamischen Staat in Libyen

9/26/
Mehrere Verletzte bei Schießerei in Houston, Texas

10/22/
Kalifornien veröffentlicht Durchsuchungsbefehl
gegen Wells Fargo Bank wegen Identitätsdiebstahls

11/24/
Moschee zerstört in der Nähe von Seattle,
Washington

12/21/
Trotz Überläufern bestätigt das US-
Wahlmännerkollegium Präsidentschaft von Trump

Enden

ich kann's mir noch nicht vorstellen
danke, Abhi
es war - besser
warum tun sie das für mich

wohin es ihn führen mag
zu meinem Ehemann
er ist weg

im Teich zuhause
niemand hat je mehr gebraucht

Jasmine, komm zu mir
ihr verständlich machen
es zu messen

auf dem Hügel ein weiterer Schuss
die Tür bleibt geschlossen
das hab ich gemacht

mehr als je zuvor
dort auf ihn wartend
sie kämpfte gegen den Schlaf

ich ging nach Hause
du kennst den Weg

2017 /
ich hörte das Bellen /
lang und leer und schön

1/24/

Women's March wird zum größten Protest in der Geschichte der Vereinigten Staaten

2/15/

Adele und David Bowie gewinnen jeweils fünf Grammys

3/8/

Wikileaks veröffentlicht Akten über Hacking-Fähigkeiten des CIA

4/28/

Studie: Künstliche Gebärmutter für frühgeborene Lämmer könnte auch für menschliche Frühgeburten geeignet sein

5/24/

Bill Cosbys Anwälte behaupten, Auswahl der Geschworenen sei rassisch einseitig

6/8/

Astronomen entdecken einen Planeten, der heißer ist als die meisten Sterne

Anfänge

Harriot
der Ladenbesitzer
wartend, dass die Übelkeit vergeht

eines Tages senkt Mala ihre Maske
im vergangenen Jahr

ich hörte das Bellen
er steigt hinauf
es war ein Lastwagen

fast ein Jahrzehnt lang
es war einmal
als der alte Mann starb

die Kinder waren zu klein
von seinem Balkon aus
Martha betrachtete sich skeptisch

Ansar Al-Banna war der erste Gefangene
als Glorys Eltern sie tauften
sie fuhren vorbei

egal
es war ein guter Tag gewesen
die Kinder wollten Buttony spielen

7/2/
Reiseverbot der Trump-Regierung tritt für sechs
Länder in Kraft

8/27/
Oberstes Gericht in Kalifornien bestätigt Gesetz zur
Beschleunigung der Todesstrafe

9/9/
15 Staaten verklagen US-Präsident wegen
Streichung des Programms für minderjährige
Einwanderer ohne Papiere

10/9/
Hurrikan Nate schwächt sich auf dem Weg in die
Vereinigten Staaten ab

11/6/
US-Regierung veröffentlicht Bericht, demzufolge
Klimawandel vom Menschen verursacht ist

11/22/
Charles Manson, für Morde von 1969 neunfach
lebenslang in Haft, stirbt im Alter von 83 Jahren

Enden

sauber und nüchtern
mich zu entscheiden
was ist das

zum Duft von Keksen
niemand kann uns beschützen
ich trug ihn ins Haus
mutterförmig

es dampfte zwischen unseren Zehen
wie könnte ich das vergessen
in meine Richtung

allein
in den See
gehört werden

ich kann nicht
sicher in seiner Unsterblichkeit
eine weitere Entscheidung

weitermachen
sie verwirrt nur
sich ihm anzuschließen

lang und leer und schön

2018 /
die Vergangenheit ist so dick /
ich brauche keine Souvenirs

1/29/
Vorstand des US-Turnverbands tritt nach sexuellem
Missbrauch zurück

2/16/
Berkeley, Kalifornien erklärt sich zum Schutzgebiet
für der Erholung dienendes Cannabis

3/15/
Spielzeug-Einzelhandelskette „Toys R Us" beantragt
Konkurs

4/8/
13-jähriger Junge zwölf Stunden nach seinem
Verschwinden in den Abwasserkanälen von Los
Angeles gerettet

5/23/
Software-Riese Adobe Systems übernimmt
Magento Commerce für 1,68 Milliarden US-Dollar

6/6/
Microsoft kündigt Plan zur Übernahme von GitHub
für 7,5 Milliarden US-Dollar

Anfänge

sie schlug ihren Angreifer
wir waren in einem Flugzeug
die Sonne schien

die zweite Dämmerung
jeden Tag außer Sonntag
die Vergangenheit ist so dick
bist du wach

Budabash kam frei
der Secondhand-Laden
dieser tote und blinde Mann

ich habe das Gehör verloren
die Anweisungen ihres Mannes
viele Jahre später

Louis hatte einen Freund
in der zweiten Stunde eines sechsstündigen Fluges
HM ist getäuscht worden
die Entscheidung fiel

an einem Sonntagnachmittag
ich kannte sie gut
es war an der Jahreswende

7/1/
FIFA Fußball-Weltmeisterschaft 2018: Iran, Nigeria, Deutschland und Senegal aus dem Turnier ausgeschieden

8/18/
Sängerin Aretha Franklin, "Königin des Soul", stirbt im Alter von 76 Jahren

9/26/
Studie legt nahe, dass der Mars über Millionen von Jahren Raum für unterirdisches Leben bot

10/12/
Bemannte Sojus-Mission bricht während des Starts ab

11/5/
Sturm bringt Gebäudewand des Amazon.com-Lagers in der Nähe von Baltimore zum Einsturz

12/25/
Die USA warnen Spanien vor einem geplanten Anschlag mit einem Bus in Barcelona

Enden

sie waren bei Kyle
mehr von der Welt als nur Überleben
sie konnte in Gebäude sehen

direkt hinter Dir
das mussten sie auch sein
alles war flüssig

auf die Straße
Zia vergaß zu beten
beginne zu rennen

meine Mutter hat nie wieder geheiratet
du änderst dich gar nicht
sie konnte so tun, als gehöre es ihr.

nur ein paar Augenblicke länger
von meinem Leben
er war lange Zeit allein gewesen

was auch immer vor ihr liegt
wo man es tun könnte
der Verkehrslärm weit unten

ich brauche keine Souvenirs
was?, sagt sie

2019 /
aus den Hügeln ragen weiße Turbinen /
nur eine Maus

7/1/
Präsident Trump sagt, er dürfe den
Ausnahmezustand über die USA verhängen, um die
Grenzmauer zu bauen

2/23/
Streifen der Zebras können krankheitserregende
Pferdefliegen 'blenden', sagen Wissenschaftler

3/5/
SpaceX Crew Dragon-Kapsel dockt mit der
Internationalen Raumstation an

4/8/
540 Millionen private Facebook-Datensätze im
öffentlichen Internet gefunden

5/18/
Gouverneur des US-Bundesstaates Alabama
unterzeichnet staatliche Anti-
Abtreibungsmaßnahme

6/1/
Mann zündet sich vor dem Weißen Haus an

Anfänge

das Kind war neun Jahre alt
als ich in die Küche kam
als ich 12 war

in der Nacht bevor er ging
unsere Freunde
Liza war sich nicht sicher
auf dem Schild stand willkommen

Miss York, die Beratungslehrerin
ich erinnere mich
aus den Hügeln ragen weiße Turbinen

Gem hatte den Hund gesehen
eine Weile lang
es ist so passiert

das Paar entschied sich
wir waren gerade erst hineingekommen

ich war siebzig
Gretels Vater
immer entlang der Rue Labeottadok

manche Nächte
mein erstes Jahr

7/20/

US-Repräsentantenhaus geht gegen zwei Kabinettsmitglieder wegen strafbarer Missachtung des Kongresses vor

8/8/

Schütze eröffnet das Feuer in einem Supermarkt in El Paso, Texas; mehr als 20 Tote

9/22/

Hunderte versammeln sich zum vermeintlichen Sturm auf US-Luftwaffenstützpunkt für außerirdische Beweise

10/19/

Nördlicher Arapaho-Stamm begrüßt Büffelherde in Wyoming

11/8/

Keine Verletzten bei Raketenangriff auf irakischen Stützpunkt mit US-Truppen

12/16/

US-Bundesrichter entscheidet, dass Samoaner amerikanische Bürger sind; verzögert die Umsetzung bis zur Berufung

Enden

das Kind war untröstlich
Jenna glücklich machen
Luft Mitte _August

ins Sichtfeld tauchen
reichlich so wie es ist
sie erkennt sich kaum wieder

dieser Junge liebt mich
meine Liebste
ihn nie verlassen

die schönen Schläge der Windmühlen
Ei
wir waren zu Hause
über Kopf

zu viel darüber nachzudenken
im Galopp zu Somme
aufhören

nur eine Maus
zu warten
alles andere
ich fügte es ihm zu

2020 /

- /

-

1/6/

Irakisches Parlament stimmt für den Abzug der US-Truppen

2/10/

Erste Ausländer sterben an Coronavirus in Wuhan, China

3/26/

Wissenschaftler: Stachelschädel haben sich mindestens 25 Mal bei verschiedenen Froscharten entwickelt

4/29/

SARS-CoV-2 übersteigt die Marke von einer Million bestätigter Infektionen in den Vereinigten Staaten

5/31/

SpaceX startet erfolgreich seinen ersten bemannten Raumflug

6/4/

Hubschrauber eines Energieversorgers durchschlägt Kabel und stürzt in der Nähe von Fairfield, Kalifornien ab

Anfänge

-

7/8/
11 Monate altes Baby findet illegale Drogen auf
Spielplatz in British Columbia, berichtet kanadische
Polizei

8/13/
Bruch einer Wasserleitung in White Plains, New York

9/30/
Unterwegs im Wahlkampf in den USA

10/26/
Code-Hosting- und Sharing-Website GitHub
blockiert öffentlichen Zugang zu Youtube-
Download-Software

11/7/
Joe Biden designierter US-Präsident

12/15/
Konservative Gruppen versammeln sich erneut in
Washington, um gegen Wahlniederlage des
Präsidenten zu protestieren

Enden

-